EPREUVES

DES

CARACTERES

DU FOND

DES SANLECQUES.

A PARIS,

MDCCLVII.

AVIS
AU LECTEUR.

LES SAVANS & les Connoisseurs ont annoncé tant de fois que la plus grande partie des Caractères des Sanlecques a été gravée par les plus grands Maîtres, que je ne crois pas devoir ajouter rien ici à ce qu'ils ont dit : il me suffira de représenter aux personnes qui l'ignoreroient, que ces Caractères ont servi aux Editions si estimées & si recherchées des Cramoisy, Vitré, Le Petit, Savreux, Léonard, Elzévirs & autres, &c.

MADRIGAL AU ROI.

GRAND ROI, Si ton bienfait n'est digne que de moi,
  Ma pauvreté sera toûjours extrême.
Il ne faut pas aussi, qu'il soit digne de Toi;
  Il Te rendroit pauvre Toi-même.

Petite Nompareille.

PRIERE A DIEU

GRAND DIEU, qui ne veux pas qu'aucun homme ici bas
  Voye à découvert ton visage,
    Du moins que je ne cesse pas
De t'admirer dans ta plus noble image.

Nompareille Romain.

CLARISSIMO VIRO M. R.

Cujus judicium mea gloria, lex mea, Fili,
  Nil possum sine te, me sine cuncta potes.
Fers florem & fructum, velut aurea plurima malus:
  Ast ego sum trunci pars inhonesta putris.
Nil dictat mihi Musa seni nisi carmen inane,
  Quod mox delirum me probet esse senem.
Me, quem deperiit quondam, nunc horret alumnum:
  Quæ mihi mater erat, facta noverca mihi est.
Ah! si rugosam fastidit perfida frontem;
  Nunc tua vena Patri Musa sit, omnia sit.

Italique de Nompareille.

L'homme toûjours heureux ne prend guere le goût des bonnes actions, & charmé du présent, il perd aisément l'avenir de vue : mais Dieu miséricordieux lui suscite un malheur qui le réveille, & la disgrace fait sur lui ce que la seule raison n'auroit pas fait.

Mignone.

En faisant le signe de la Croix le Prêtre dit :

Au nom du Pere, & du Fils, & du Saint-Esprit. Ainsi soit-il.

In nómine Patris, & Fílii, & Spíritûs Sancti. Amen.

Je m'approcherai de l'Autel de Dieu. ℞. Je me présenterai devant Dieu qui remplit mon ame d'une sainte joie.

Introíbo ad altáre Dei. ℞. Ad Deum qui lætíficat juventútem meam.

Soyez mon Juge, ô mon Dieu, & prenez ma défense contre les impies : délivrez-moi de l'homme injuste & trompeur.

Júdica me, Deus, & discerne causam meam de gente non sancta : ab hómine iníquo & dolóso érue me.

℞. Car vous étes mon Dieu, vous étes ma force : pourquoi vous éloignez-vous de moi ? pourquoi me laissez-vous dans la tristesse sous l'oppression de mes ennemis ?

℞. Quia tu es, Deus, fortitúdo mea : quare me repulísti ? & quare tristis incédo, dum afflígit me inimícus ?

Petit Texte Italique.

In felicem LALEMANNI obitum Carmen.

Vivis io meliùs, redivivo funere vivis
Tandem animæ compos, LALEMANNE, & corporis
*   expers.*
At quos Ambrosiæ, quos Nectaris ebibis haustus !
Jam tibi, jam nullis Christus sese occulit umbris ;
Sed totus radiat speculi atque ænigmatis exsors,
Et pleni tandem æternus fis pectoris hospes.

Petit Texte ordinaire.

Quare agite , ô quicumque pium & lætabile
    funus
Lugetis ; ne fidereæ tot gaudia mentis,
Ne fanctos obitus gemitu turbate prophano.
    Tu quoque , fuaviloquam inprimis fpectande
        per artem ,
O Philiberte , fuos cui defignabat honores
Vivus adhuc , morienfque Academica jura reliquit ;
Jam lacrymas cohibe , fingultus namque perennes
Si pietas humana petit , Divina recufat.

Second petit Texte.

Jam fperata dies aderat, quâ redderet aftris
Exultantem animam LALEMANNUS. Totus in uno
Ille Deo , & thalamo recubans , palmafque tre-
        mentes
Attollens, oculifque adeunda in fidera fixis,
Mortem iterum atque iterum , Mortem unam in
        vota vocabat.
Cùm fubitò , tantæ feu capta cupidine prædæ,
Sive arceffitam fe crederet , adftitit olli
Mors ultrix fcelerum , pallens , ex offibus omnis.

Petit Texte du Bréviaire.

Dixit Dóminus Dómino meo : * Sede a
dextris meis :
    Donec ponam inimícos tuos * fcabellum
pedum tuórum.
    Virgam virtútis tuæ emittet Dóminus ex
Sion : * Domináre in médio inimicórum tuórum.
    Tecum princípium in die virtútis tuæ , in
fplendóribus fanctórum : * ex útero ante lucí-
ferum génui te.

Suite du petit Texte du Bréviaire.

Jurávit Dóminus & non pœnitébit eum :
* Tu es Sacérdos in ætérnum secúndum órdi-
nem Melchísedech.

Dóminus a dextris tuis * confrégit in die
iræ suæ reges.

Judicábit in natiónibus , implébit ruínas :
* conquassábit cápita in terra multórum.

De torrénte in via bibet : * proptérea exal-
tabit caput.

Glória , &c.

Italique & Romain de Gaillarde.

Introït de la Messe de la Septuagésime.

*Circundedérunt me gémitus mortis : dolores inferni circundedérunt me : & in tribulatióne mea invocávi Dóminum , & exaudívit de templo sanĉto suo vocem meam. Psf. Díligam te , Dómine , fortitúdo mea : * Dóminus firmamentum meum , & refúgium meum , & liberátor meus. Glória. Circundedérunt , &c.*	Les douleurs de la mort m'ont environné, & les tourmens de l'enfer m'ont assiégé : j'ai invoqué le Seigneur dans mon affliĉtion ; & de son saint temple il a entendu ma voix. *Psf.* Je vous aimerai , Seigneur , qui étes ma force : le Seigneur est mon appui , mon refuge & mon libérateur. Gloire au Pere. Les douleurs de la mort m'ont environné , &c.

CHARLES V. dit le Sage & l'Eloquent, étoit fils aîné du Roi Jean & de Bonne de Luxembourg. Il prit naiſſance au Château du Bois de Vincennes le 21 Janvier de l'an 1337. Il fut le premier qui porta la qualité de Dauphin de Viennois, affeſtée aux fils aînés des Rois de France depuis la démiſſion de Humbert.

Petit Romain Italique.

LE MERCREDI DES CENDRES.

Après Sexte, le Célébrant en Etole noire, étant proſterné au milieu du Chœur, & le Clergé auſſi proſterné, récitent les ſept Pſeaumes alternativement ; & à la fin de chaque Pſeaume le Célébrant ſe leve, & dit les Verſets & les Oraiſons, comme ci-après.

Petit Romain du Miſſel.

PSEAUME 6.

Dómine, ne in furóre tuo árguas me ; * neque in ira tua corrípias me.

Miſerére mei, Dómine, quóniam infir-mus ſum : * ſana me, Dómine, quóniam conturbáta ſunt oſſa mea.

Et ánima mea turbáta est valde : * sed tu, Dómine, usquequò ?

Convértere, Dómine, & éripe ánimam meam : * salvum me fac propter miseri-córdiam tuam.

Quóniam non est in morte qui memor sit tui : * in inferno autem quis confitébi-tur tibi ?

Laborávi in gémitu meo ; lavábo per síngulas noctes lectum meum, * lacrymis meis stratum meum rigábo.

Turbátus est a furóre óculus meus : * inveterávi inter omnes inimícos meos.

Discédite a me omnes qui operámini iniquitátem ; * quóniam exaudívit Dómi-nus vocem fletûs mei.

Exaudívit Dóminus deprecatiónem meam : * Dóminus orationem meam su-scépit.

Erubéscant & conturbentur vehemen-ter omnes inimíci mei : * convertantur & erubéscant valde velóciter.

Petit Romain gros œil & Italique ,
fur corps de Philofophie.

DEMOSTHENE , célébre Ora-
teur , étoit d'Athènes , fils d'un homme de même nom que lui , & de
Cléobule. Il nâquit trois ans après
Ariſtote en 373. de Rome : ce fut une
année avant la centiéme Olympiade ,
pour me ſervir de l'expreſſion de
Denis d'Halicarnaſſe , en la lettre a
Ammée.

Suite de l'Hiſtoire.

*Démophile étoit alors Archonte d'A-
thenes. Il fut laiſſé orphelin par ſon pere
à l'âge de ſept ans. Cependant, comme ſes
tuteurs n'eurent pas bien ſoin de lui, qu'ils
lui volerent une partie de ſon bien & lui
laiſſerent perdre l'autre , il n'apprit pas
tous les Arts Libéraux.*

Cicero Romain & Italique sur corps
de Philosophie.

SOCRATE , Philosophe , fils de
Sophronisme Lapidaire , & de Pana-
gérete Sage-femme , étoit Athénien
& natif du village d'Alope. Il étudia
sous Anaxagore & Archélaüs ; & en
diverses occasions il donna des mar-
ques de son courage en combattant
généreusement pour la défense de sa
patrie. Mais dans la suite des temps il
s'attacha entierement à la Morale, &
il cultiva cette partie de la Philosophie
que les autres avoient ignorée ou né-
gligée.

Minerve , Déesse de la Sagesse &
des Arts , & principalement de ce qui
concerne la laine , est souvent confon-
due avec Pallas , Déesse de la guerre.
Elle nâquit de Jupiter seul sans mere.
Ce Dieu se fit donner un coup de mar-
teau à la tête par Vulcain , & Mi-
nerve en sortit toute armée.

Philofophie.

PLATON , Philofophe, Chef de la *Secte* des Académiciens , étoit d'Athenes , fils d'Arifton. Il nâquit vers l'an 325. de Rome , en la LXXXVII. Olympiade. On dit qu'il s'adonna d'abord à la Peinture , & qu'enfuite il devint Poëte ; mais l'amour de la Philofophie l'emporta , & il s'y attacha entièrement. Il fut premièrement difciple de Socrate , puis de Cratilus , & après d'Hermogene.

Cicero petit œil.

APOLLON , fils de Jupiter & de Latone , & frere de Diane , nâquit en l'Ifle de Delos. Il tua le Serpent Python , & punit les Cyclopes qui avoient tué fon fils Efculape. Ce qui le fit chaffer du Ciel, & l'obligea de fervir de Pafteur à Admete.

Cicero ordinaire.

Les Miniftres , les Magiftrats , tous ceux qui fe facrifient au bien public , font bien charmés quand ils peuvent donner quelques inftants à la littérature. Pourquoi dans une fituation moins glorieufe , mais plus indépendante , aimons-nous fi peu à jouir de nous-mêmes ? Nous ne faifons point affez d'attention au bon emploi du temps. Cependant quoi de plus beau , de plus fage , de plus utile que de pouvoir mener une vie retirée au milieu de Paris ? Les dedans , les dehors , tout y eft enchanteur : c'eft le centre de l'érudition & de la politeffe.

Nouvelle Italique de Cicero.

VENUS , que les Anciens ont fait Reine de la beauté , eft eftimée fille de Jupiter & de Dioné. D'autres ont dit qu'elle nâquit de l'écume de la mer. On met encore une Venus Uranie ou Célefte. Toutes ces chofes dans la Théologie des Païens avoient un fens raifonnable.

ABSALOM , fils de David , qui l'avoit eu de Maacha , fille de Tolmar Roi de Geſſur. Il étoit un des plus beaux Princes de ſon temps , mais ambitieux , adroit & entreprenant. Il fut ſi irrité contre ſon frere Amnon , qui avoit violé Thamar , qui étoit ſa ſœur de la même mere , qu'il réſolut de punir cet outrage.

Cicero gros œil.

Du Miſſel Romain. *Introïtus.*

Ad te levávi ánimam meam : Deus meus , in te confído , non erubéſcam : neque irrídeant me inimíci mei : étenim univerſi qui te expéctant , non confun-déntur.

Pſalmus. Vias tuas , Dómine , demónſtra mihi : & ſémitas tuas édoce me.

Saint Auguftin ordinaire.

PARMENION , un des Généraux de l'Armée d'Aléxandre , fut confulté par ce Prince fur les offres que Darius Roi de Perfe lui faifoit , de lui abandonner tout ce qui étoit au-delà de l'Euphrate , & de lui donner fa fille Statira en mariage avec dix mille talents d'or, pour le prix de la Paix qu'il lui demandoit.

Le même S. Auguftin avec des Capitales plus fortes.

Cette propofition lui parut très-avantageufe , & il déclara fon avis par ces paroles : Si j'étois Alexandre , j'accepterois ces offres fans héfiter :

Suite du S. Auguſtin avec des Capitales plus fortes.

ALEXANDRE lui répondit, Et moi auſſi, ſi j'étois Parménion : voulant lui faire connoître que ces offres ne pouvoient être acceptées que par un homme de la qualité de Parménion, & non pas par un Conquérant auſſi glorieux qu'Alexandre.

Saint Auguſtin gros œil.

SATURNE, fils de Cœlus & de Veſta, ſelon la Fable, c'eſt-à-dire, du Ciel, & de la Terre. Les Poëtes le font pere de Jupiter, de Neptune, de Pluton & de Junon : & frere de Titan & d'Ops, ou Rhéa qu'il prit pour femme.

Italique de Saint Augustin.

Monsieur, le commencement de votre derniere Lettre m'a extrèmement affligé; mais le milieu & la fin m'ont fait passer de la tristesse à une joie qui m'a pensé faire mourir. Jamais mort n'eut été plus douce que la mienne.

Italique de gros Romain.

CHARLES II. dit le Chauve, Roi de France, & depuis Empereur, étoit le dernier des enfants de Louis le Débonnaire, qui l'avoit eu seul de Judith, fille de Velfe Comte de Baviere sa seconde femme. Il nâquit à Francfort sur le Mein le 13 Juin de l'an 822.

CHARLES I. dit LE GRAND, & communément CHARLEMAGNE, Roi de France, premier Empereur d'Occident, nâquit dans un Château appellé Ingelheim, près de Mayence, environ l'an 742 ; quelques-uns difent 747. Il fut baptifé par S. Boniface, Archevêque de Mayence. Il étoit fils aîné de Pepin le Bref ou le Petit, & de Berthe ou Bertrade ; & il fut couronné après la mort de fon pere.

CESAR (C. Jule)
premier Empereur de
Rome, étoit fils de Lu-
cius Céſar, & d'Aurélie
fille de Cotta. On le fait
deſcendre du côté pater-
nel de Jule fils d'Enée;
& du côté de ſa grand'
mere Martia, il tiroit ſon
origine d'Ancus Martius
IVe Roi des Romains,
comme lui même le dit
en la harangue funebre
qu'il prononça de ſa tante
Julie.

Jule Cesar nâquit le douzième jour du cinquième mois, qui de son nom fut depuis appellé Juillet, l'an 654 de Rome, quatre-vingt dix-huit ans avant JESUS-CHRIST. *A l'âge de seize ans il perdit son pere, & l'année d'après il fut désigné grand Prêtre de Jupiter.*

CICERON

(M. Tullius) le Prince de l'Eloquence Romaine, nâquit le troisième jour de Janvier de l'an 648. de Rome , en la CLXVIII. Olympiade. Il fortoit d'un pere Chevalier Romain , qui tiroit fon origine de Titus Tatius Roi Sabin.

Le plus grand avantage des richesses est de pouvoir faire du bien. En effet, quoique tous les biens soient périssables, il est pourtant vrai que celui que nous faisons à notre prochain, ne périt jamais, lorsqu'on le fait en vue de Dieu.

Asperges me, Dómine, hyssópo & mundábor : lavábis me, & super nivem dealbábor. *Ps.* Misérere mei, Deus, secundùm magnam misericórdiam tuam. Glória Patri, &c.

On ne peut être heureux ſans être juſte ; & on ne peut ignorer ce qui eſt juſte , parce que le droit naturel eſt à l'eſprit , ce que la lumiére eſt aux yeux : La Juſtice & la Religion ſont ſœurs.

Memor esto
verbi tui ser-
vo tuo , *
in quo mihi
spem dedisti.
Hæc me
consólata est

Te ígitur, clementíssi- me Pater , per J. C. Fí- lium tuum, súpplicesro gamus, &c.

Mardi prochain fera procédé à la Vente de Meubles

Grec de Saint Augustin.

Αλφα Βητα Γαμμα Δελτα ψηϑαι
ϛτπαιιϛμηηξϛτπηϛτγιοοφΘΘσωννοπαι
κκινιιεδκιρΨψσεϱχχμεϰναϑξλ
θεενθαϋϋεεχεϊτοϖιϖιηινυομηϑδδχ

Grec de petit Romain.

οοσοορρρρρϱϱϱϱϱϱϛϛϛϛϛϛξξξξξξϒϒϒϒϒϒϒζζζζζζζ
ξξξξξξϒϙϙϙϙϙϙϙϐϐϐϐϐϐηηηηηηηκκκκκκκιιεωσϱ
σσσσσωωωωωεεεεεεαλνιιιιιιιλλλλλιααααα
οοοοοοϭδδδδδθνννννν ϭϭϭϭϭϭϭϛϛϛϛϛϭθθθθθθθ
γγγγγγγγγμμμμμμμκωμμθθθμδδϭωωωωι

Grec de petit Texte.

λαμπαδων ζζζζ λαμπασι ξξξξ ζζζζζ ββββ θθθθθ
ϛϛϛϛϛδδδδδϑϑϑϭϭϭϭϭμμμμμμγγγγγγϒϒϒϒϒϒϒϒϒ
ιιιιιννϭϭϭϭϭϭοοοοοοοππππππωωωωωωηηηηηησσσσι
παααααααϖϖϖϖϖϖκκκκκκκεεεεεελλλλιιιιιϛϛϛϛϛϛϛϛϛϛκι

Hebreu sur plusieurs Corps.

אאיוייייⁱ׃׃׃םגגחחחממממככסספפ בגנגנטנו

וווחחזזזונוטבטפכפפפגגסםיםכב

א׃׃זןרדאאדרגגגדר׀ר׀זלןעצצ

צרד׀ר׀זלבעעלכףקקד׀ידרלה

דדידא׀וגששש׀ור׀ול

Hebreu de petit Romain.

Hebreu de petit Texte.

Hebreu de Nompareille.

Nottes qui se fondent chacune
sur quatre Moules.

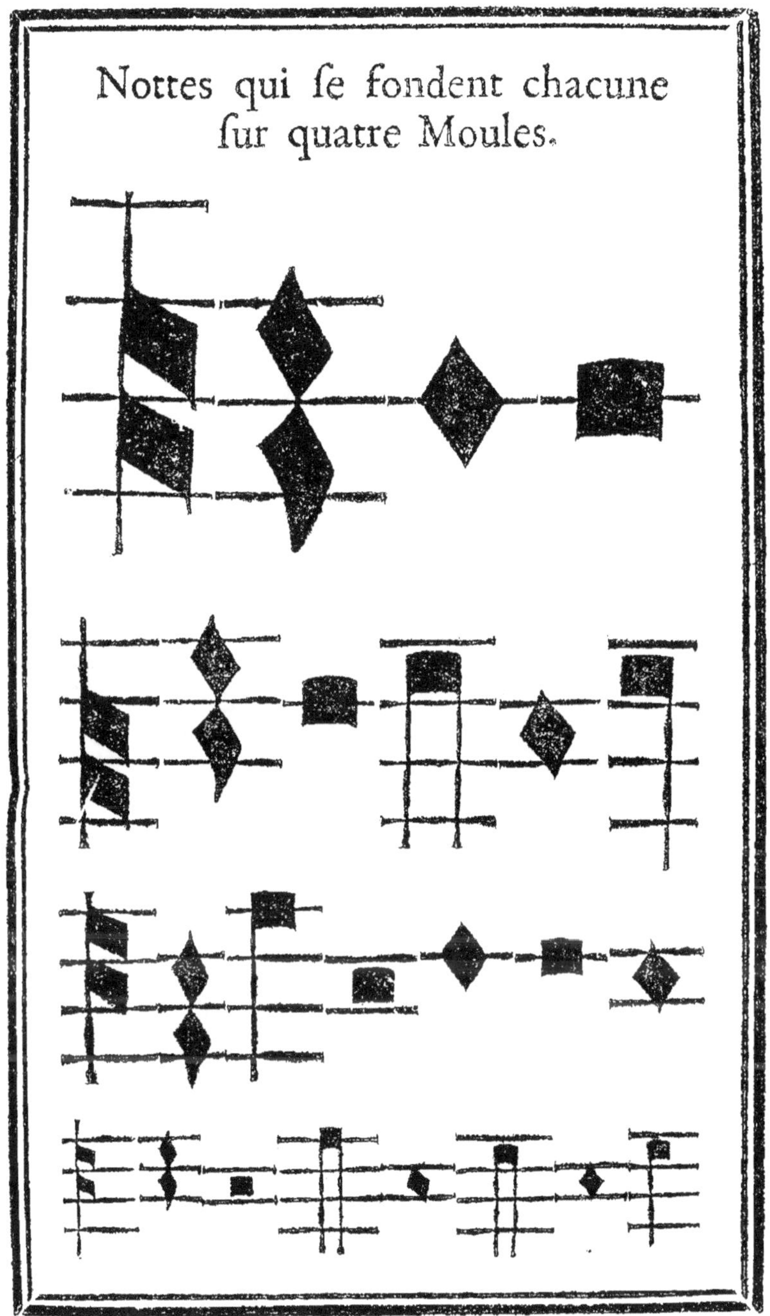

Nottes qui se fondent chacune sur un Moule.

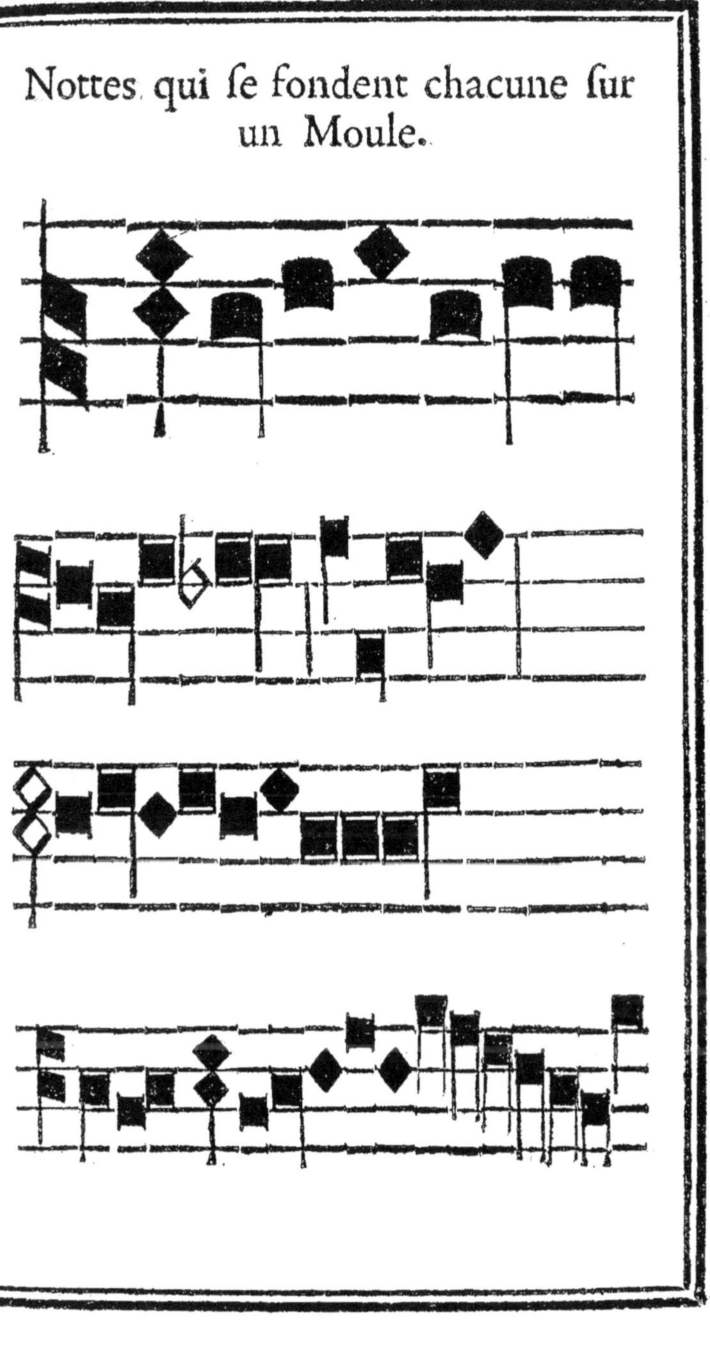

Trois Mufiques qui fe fondent fur
cinq Moules.

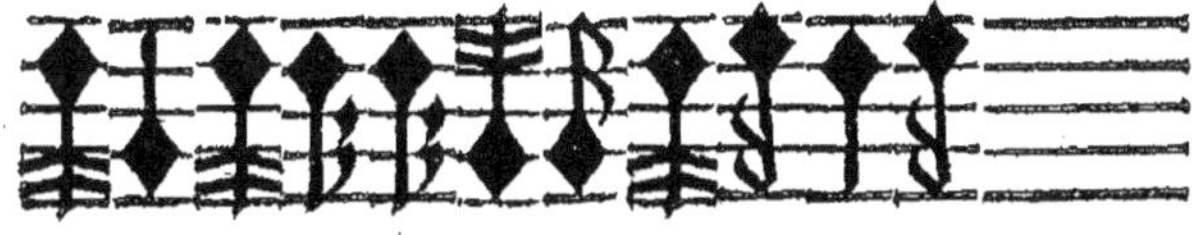

Celli-ci se fait sur un Moule.

On trouve encore dans ce fond
un Caractère nommé la Financiere ;
& il fournit les Italiques nouvelles.

De l'Imprimerie D'AUG. MART. LOTTIN,
rue S. Jacques , au Coq; 1757.